AF369607

RÉFLEXIONS

SUR LES PRIVILÉGES

DES DIRECTEURS DE SPECTACLES,

ET LES DROITS

DES AUTEURS DRAMATIQUES,

SUIVIES

D'un nouveau système d'organisation théâtrale ; essentiellement relatif aux Troupes de la Province.

Par M. SINGIER, Directeur des Théâtres de Nîmes, Avignon, etc., etc.

À NISMES,

De l'Imprimerie de DURAND-BELLE.

1818.

RÉFLEXIONS

SUR

Les priviléges des Directeurs de Spectacles et les droits des Auteurs dramatiques, suivies d'un nouveau système d'organisation théâtrale, essentiellement relatif aux troupes de la Province.

Plus l'art dramatique perd de ses avantages, et plus ceux qui y ont peut-être le plus coopéré s'efforcent d'en attribuer la faute aux Directeurs de spectacles et aux comédiens qui sont toujours accusés et jamais défendus. Je ne prétends ici ni les défendre ni les accuser. J'exposerai seulement quelques vérités incontestables qui peuvent tourner à leur charge, comme servir à leur justification, mais qui seront toutes en faveur de l'art.

J'examine d'abord la situation des entreprises de théâtre dans la province, avant et depuis les *priviléges* accordés à des entrepreneurs de spectacles. Je me demande quels sont les avantages qui sont résultés de ces priviléges ?... Je n'en vois, je n'en connais aucun. L'expérience ne justifie que trop mon assertion.

Avant l'établissement des priviléges, lorsque les entreprises théâtrales étaient libres et presque indépendantes, la direction des spectacles des villes de la province était confiée à des entrepreneurs ou à des réunions d'acteurs qui ne s'en chargeaient volontairement que lorsqu'ils avaient connaissance des frais et des ressources qui devaient fixer le sort de leurs opérations.

Les autorités et le public, moins difficiles et plus indulgens qu'aujourd'hui, n'exigeaient qu'une troupe suffisante et telle que la localité pouvait l'admettre et la soutenir.

Lorsque les recettes ne répondaient pas aux dépenses, l'on ne contraignait pas le Directeur à *se ruiner là, sans pouvoir bouger de place;* il n'était pas circonscrit dans des limites défavorables; il parcourait au besoin differentes villes, et se fixait dans celle qui lui offrait les moyens de faire honneur à ses affaires.

Cette faculté rendait le public moins exigeant et le maintenait dans une réserve raisonnable de prétention: on se plaisait alors de favoriser le Directeur, d'encourager les artistes; l'on ne faisait pas du parterre une *promenade*, et de la salle une *bourse*; l'on daignait écouter le spectacle, et chacun trouvait son plaisir et son intérêt même dans sa fréquentation.

Les propriétaires des salles étaient accommodans, et n'abusaient pas de la nécessité momentanée où l'on pouvait être de se servir de leur salle; parce qu'à la rigueur rien ne contraignait impérativement d'occuper celle-là, plutôt que celle-ci.

Une troupe était complette avec douze à quatorze acteurs dont les appointemens raisonnables ne produisaient pas en totalité plus de trois à quatre mille francs par mois.

L'on ne connaissait pas le système des *abon-nemens* par lequel la classe la plus opulente et la plus nécessaire au soutien de l'art théâtral, est parvenue à faire réduire, *pour elle seule*, le prix d'entrée au spectacle au même taux qu'à celui des baraques de marionnettes et des escamoteurs de place.....

On se contentait de trois représentations par semaine, ce qui diminuait les frais et procurait aux acteurs la faculté de soigner les pièces, de les répéter, et de leur donner tout le charme d'un ensemble agréable.

Les excessifs droits d'auteurs n'existaient pas, non plus que les patentes, le timbre des affiches. etc., etc.

L'argent avait sa valeur réelle et intrinsèque ; le prix des places était néanmoins le même qu'à présent.

Les garnisons rapportaient cent cinquante francs par bataillon.

L'on n'exigeait ni entrées, ni loges gratuites des entrepreneurs.

Le répertoire était fructueux et fourmillait des chefs-d'œuvres des Monsigni, des Philidor, des Gluck, des Gretry, des Sedaine, des Marmontel, des Favart, et tant d'autres plus ou moins anciens mais non moins célèbres.

Malgré tous ces trésors, tous ces avantages, ces entreprises se soutenaient à peine, et la licence révolutionnaire est venue les frapper d'un coup mortel.

Il a donc fallu s'en occuper sérieusement, et c'est dans la louable intention de les secourir que l'on a créé les droits des auteurs sur les ouvrages dramatiques, les arrondissemens pour les troupes ambulantes et les priviléges pour les Directeurs.

Voyons si l'on a réussi; et comparons maintenant, la situation et les ressources des Directeurs *privilégiés*, avec les avantages et l'indépendance des anciens entrepreneurs.

La nouvelle organisation a d'abord entraîné le déplacement de plusieurs Directeurs qui avaient de l'expérience, et qui ont été remplacés par des personnes qui n'avaient la plupart aucune idée d'une administration théâtrale, et moins encore des localités qui leur étaient étrangères. . . . . La preuve en existe encore; car plusieurs de nos grandes villes et d'autres secondaires ont pour Directeurs, des marchands de *draps*, des *chapeliers*, des *apothicaires*, des femmes ineptes, etc., etc.

L'on a formé des arrondissemens de théâtre, composés de grandes et de petites villes que la même troupe doit parcourir à des époques fixes et déterminées; si la troupe est forte, elle ne peut pas se soutenir dans la petite ville, si la troupe est petite, elle ne convient plus à la grande ville; celle-ci réclame la tenue du spectacle l'hiver, l'autre n'en veut pas l'été, en sorte que, soit par la composition de sa troupe, soit par l'époque, le lieu et la durée de son exercice, le Directeur a, pour ainsi dire, six mois de non valeur par chaque année, sans pour cela avoir pu parvenir, comme on le voit, à contenter le public; et souvent, lorsque son expérience acquise par des sacrifices, pourrait lui en offrir les moyens pour l'avenir, il se voit exposé d'être dépossédé ou renvoyé dans une autre direction éloignée où il se trouve aussi déplacé que son successeur dans la sienne; enfin, que l'entreprise soit bonne ou mauvaise, il faut qu'il s'en charge à ses périls et risques; les devoirs, les obligations sont pour lui les mêmes partout ; malgré que les avantages et les ressources ne soient pas partout les mêmes pour lui.

De là dérivent naturellement les prétentions les plus extraordinaires : l'on exige, dans les plus petites villes, que l'on joue souvent et que l'on ait tous les genres réunis ; on ne trouve rien de bon ; l'on se plaint du peu d'ensemble et du répertoire ; et, quand, par le travail et la familiarité des sujets, cet ensemble et ce répertoire sont devenus satisfaisans, il faut renouveller entièrement la troupe ; on veut de nouvelles figures ; et comme la figure ne fait pas le talent, on regrette souvent alors les sujets dont on a exigé le changement : on réclame des doubles emplois inutiles, et enfin lorsque l'on a satisfait à toutes ces demandes, à tous ces caprices que l'on nomme *obligations* du *privilégié*, on cabale pour le forcer à diminuer le prix des places, des loges et des abonnemens. Que faire ? Où aller ? Quel parti prendre....? Chacun sait d'avance que l'on cédera ;... qu'on succombera et qu'on en rira !....

Les propriétaires des salles de spectacles, sachant que l'itinéraire des Directeurs les met dans l'obligation d'occuper leur théâtre à telle époque, ne manquent pas de les rançonner ; et, outre le prix excessif du loyer, ils se réservent des loges, de 20 à 30 entrées plus ou moins, ça ne leur coûte rien ; ils font, ainsi que quelques receveurs des auteurs, vendre publiquement leurs billets ; ils abonnent même, ça leur est égal, et le tout au rabais des prix établis par le Directeur qui réclame bien contre ces fatales rigueurs, mais à qui l'on répond. « C'est notre propriété ; nous sommes libres » d'en disposer à notre gré ; laissez-là notre salle ;

» ne jouez pas nos pièces, si le prix de nos pièces
» et du loyer de notre salle ne vous conviennent
» pas !.... » Nous payons, c'est dans l'ordre ; et
nous nous ruinons, c'est inévitable, malgré que
l'on nous accuse de nous *enrichir* aux dépens des
petites-filles de Racine et de Corneille, et d'exposer leur succession.

Les grandes prétentions qu'ont fait naître les
priviléges, de la part du public, des propriétaires
des salles et des auteurs n'ont pas manqué d'é-
veiller celles des artistes qui ont tellement élevé
les leurs, que les seconds emplois sont parve-
nus à obtenir presque les mêmes émolumens
que les premiers d'autre fois, et que les premiers sujets se trouvent tout juste avoir doublé
les leurs. Ils ont d'ailleurs voulu mettre en
pratique cet axiome de nos jours, que *plus un
acteur est cher, et plus il a de talent* : quoique
cette maxime soit émanée de la prévention la plus
injuste et de l'ignorance la plus grossière, ils ont
trouvé à propos de la mettre en usage ; puisqu'elle
fournit un puissant aliment à leur amour-propre,
et à leur ambition.....

Cette augmentation d'émolumens trouverait peut-
être quelques motifs excusables ; si, comme jadis,
12 à 14 artistes pouvaient suffire à la composition
d'une troupe d'ordre ; mais le double n'est que
le strict nécessaire pour pouvoir jouer le nouveau répertoire et suppléer aux soustractions de
différens rôles que les artistes croient au dessous
d'eux, et qu'ils jugent convenable de faire dispa-
raître de leur répertoire, afin de ne pas se
prodiguer, se fatiguer et s'user, à l'instar de
leurs chefs d'emplois de Paris : ceci se rattache
d'ailleurs au système des prétentions et de l'amour

propre, que les acteurs et actrices, et même *les figurans* et *figurantes* ne perdent jamais de vue.....

A toutes ces charges il faut en joindre d'autres plus fortes encore et qu'on ne connaissait pas avant la révolution ; ce sont les patentes, le timbre des affiches, et sur-tout les excesifs droits des auteurs que la recette brute du jour ne suffit quelquefois pas pour acquitter.....

Ensuite l'abonnement des garnisons pour un jour de solde, ce qui n'équivaut pas à la moitié des anciennes conditions; et enfin les entrées gratuites, la concession de différentes loges et autres obligations ou sujétions forcées inconnues avant la création des priviléges.

Que l'on se donne la peine de considérer de plus que la grande quantité de réunions particulières dans la même ville, appelées *sociétés* ou *cercles*, et *les jeux*, ont encore puissamment contribué à la perte du goût et à l'éloignement pour le spectacle; et l'on aura une véritable idée de la situation de nos théâtres actuels, avec ce qu'ils étaient jadis.

Si, comme je l'ai dit plus haut, ces entreprises avaient de la peine à se soutenir avant que d'être écrasées par cette malheureuse série de charges, de frais, de désagrémens et de sujétions, comment peut-on concevoir qu'il y en ait seulement quelques-unes qui aient pu leur résister ?

L'on voit qu'en général la position des Directeurs est loin d'être favorable, et qu'il peut y avoir un peu trop d'exagération dans la plupart des reproches qu'on leur adresse ; mais il faut l'avouer, une funeste *prévention*, un fatal *préjugé* empêchent souvent qu'on leur rende justice; on rit de leurs plaintes ; *on ne veut pas se rendre compte de leurs pertes pour être dispensé de les croire véritables*; on attribue leurs revers à la soi-disant médiocrité de leurs troupes; l'on assure que tous les Directeurs n'auraient *que de bons sujets* s'ils voulaient les payer. Je demanderai, pour ma part, où se trouvent, où se *tiennent* ces artistes *éminemment bons* ??? Si *toutes* les troupes sont mauvaises ainsi qu'on le prétend *partout*, il en faut conclure qu'il n'y a de *bons comédiens* nulle part; si au contraire il en existe ainsi qu'on le prétend encore contradictoirement, ils doivent être nécessairement employés, et dans ce cas toutes les troupes ne sont donc pas aussi essentiellement mauvaises; ce reproche tombe donc de lui-même: car ce n'est pas de la faute des Directeurs, si les talens sont rares, *et s'il n'y en a pas pour tout le monde.*

Disons plutôt que depuis les priviléges, l'on a joui partout du spectacle avec satiété; que le goût s'en est perdu; et qu'il est résulté de cette indifférence un système de critique devenu presque de mode, et qui appartient plutot à un *genre de* pédantisme et de soi-disant bon ton, qu'aux connaissances et à la sagacité de nos nombreux censeurs.

Je hasarderai maintenant quelques réflexions relatives à l'extention que les auteurs dramatiques seuls donnent à leur droit de propriété dont l'étendue illimitée et mal répartie, a le plus contribué à la décadence de nos théâtres, et même à celle de l'art dramatique.

Si les littérateurs en général s'étonnent de ce que la loi a fixé des limites à leur droit de propriété, ils doivent bien plus s'étonner de ce que les résultats de cette loi, assurent aux auteurs dramatiques des avantages , des prérogatives dont sont exclues les autres productions du génie , quelle que soit la supériorité de leur mérite et de leur utilité.

Il n'y avait jamais eu d'exemple de l'existence, de la rigueur et de l'étendue d'un semblable droit qui ne fut en tout temps que celui de faire imprimer, distribuer et vendre à son profit un ouvrage quel qu'il fût.

Qu'un auteur dramatique prenne, *avant la publicité* de sa pièce , des arrangemens d'intérêt avec une administration de théâtre pour la faire représenter , je ne vois rien de plus juste , puisque le comédien dont le talent doit faire valoir l'ouvrage, et l'auteur dont l'ouvrage doit faire valoir le comédien y trouvent leurs réciproques avantages et leurs communes récompenses ; qu'ils prolongent à leur gré la durée de leurs accords, même indifiniment ou jusqu'à ce que l'auteur dramatique ait pu déjà s'assurer le fruit de ses veilles et de son génie , par le prélèvement d'une rétribution sur chacune des représentations de son ouvrage *manuscrit* , rien de mieux encore ; qu'il ne le fasse même pas imprimer et qu'il prenne , avec plusieurs Directeurs de spectacles , les mêmes arrangemens à la fois, tout cela et très-bien et doit dépendre exclusivement de sa volonté et de ses intérêts ; mais si une fois il fait exposer en vente l'ouvrage gravé ou imprimé ; qu'il y mette le prix qu'il voudra ; mais qu'il devienne dès lors et par ce seul fait , *ainsi que toutes les autres productions littéraires*, la propriété de l'établissement public qu'il pourra concerner, et celle de la personne qui en fera l'acquisition pour en disposer à son gré, suivant son plaisir ou sa profession ; soit

qu'il lui convienne de le lire, de l'exécuter, le ré-
présenter ou le démontrer, le tout sauf la seule
défense de *réimpression ou vente*, privilége qui
peut appartenir à l'auteur à perpetuité.

Je vais faire une comparaison qui ne sera pas, je
crois, ici déplacée; lorsque dans le courant d'un
spectacle ou dans un concert public et payant,
l'on y exécute les sonates de Pleyel, les concertos
de Viotty, les Symphonies d'Haydn et tant d'autres admirables productions de ce genre, auxquel-
les peu d'opéras modernes peuvent être comparés,
les compositeurs célèbres de ces ouvrages distingués
viennent-ils percevoir des droits, ou défendre l'e-
xécution de leurs chefs-d'œuvres???

N'est-il donc pas étonnant de voir que les plus
belles productions du génie, celles qui honorent
peut-être le plus notre littérature et notre siècle
soient moins favorisées, rapportent moins que la
plus mauvaise comédie, la plus dégoûtante farce,
le plus pitoyable mélodrame! Cette réflexion est
vraiment accablante!!!

Il n'est pas douteux que, si les productions
dramatiques conservaient leurs prérogatives décou-
rageantes, elles finiraient par faire abandonner
tous les autres genres de littérature, pour donner
à celles-ci une cupide et malheureuse préférence.

L'on me citera le droit de *propriété sans res-
triction*; mais dans cette matière le principe me
paraîtrait mal appliqué ou faux, puisque les résultats et ses conséquences seraient funestes aux
sciences, aux beaux-arts et *aux établissemens
d'utilité publique*, qui doivent conserver une préé-
minence sur tout ce qui leur est en rapport.

Je le dis avec la franchise qui me caractérise;
les auteurs dramatiques ont un peu trop fait aper-

cevoir leur égoïsme insatiable; le besoin n'excite
plus leur émulation ; les grands avantages qu'ils
retirent journellement de leurs productions les rend
même indifférens sur leur mérite: il leur suffit
de voir réussir une mauvaise pièce pour qu'ils
aient une petite fortune : on le croira sans peine
lorsque l'on apprendra qu'en moins de trois ans ,
l'opéra de *Cendrillon* a , dit-on , produit plus de
76,000 f. à ses auteurs : d'après ce compte, l'on
peut se faire une idée de ce qu'a dû rapporter *Pommadin*, par exemple, et tant d'autres ouvrages de
ce genre.......

Cependant les auteurs dramatiques se plaignent ;
ils trouvent leur sort affligeant ; ils crient à l'injustice parce que la loi met des limites à leur cupidité;
ils accusent les Directeurs de jouer moins souvent
les nouveaux ouvrages que les anciens ; et le public
éclairé et les autorités se plaignent au contraire ,
de ce que l'on ne joue pas assez l'ancien répertoire
pour donner la préférence au nouveau ; ils veulent
que l'on frappe de l'impôt dramatique toutes les
productions dont la représentation est devenue franche, parce qu'ils sentent que c'est peut-être le
moyen de faire abandonner entièrement ces ouvrages, et de ramener à eux seuls tous les fruits, tous
les avantages du répertoire général de chaque
théâtre.

J'espère que l'on s'apercevra enfin, comme j'en
suis convaincu moi-même, que loin d'étendre et
augmenter les impôts sur les spectacles , dont le
plus accablant est sans contredit celui des auteurs
dramatiques, qu'on réduira ceux-ci, au contraire ,
aux mêmes avantages dont toutes les autres productions littéraires jouissent ; que l'on examinera,
en principe, que si un auteur travaille pour le co-

médien et favorise ses intérêts, le comédien travaille
également pour l'auteur qui lui doit souvent sa gloire
et ses succès ; et que si leurs sciences et leurs
professions ont besoin d'être liées et réunies par
la nature de *l'établissement public* auxquels ils se
consacrent, ils ne peuvent conséquemment ni les
uns ni les autres s'infliger des impositions sur
l'exercice mutuel de leur art et de leur talent.

Mais en dernière analise, si nous avions le
malheur de voir succomber le principe sous le
poids de l'ambition ou de la faveur; que l'on nous
accorde au moins la grâce d'établir un jury, pour
classer les ouvrages dramatiques et fixer leurs ré-
tributions d'après leur mérite : que nous n'ayons
plus la douleur, ou plutôt la honte, de payer
les mêmes droits pour faire représenter, les Jo-
crisse suicide, les Cadet Roussel-Esturgeon, les
Berveley d'Angoulême, les Pommadin, les Pataqués,
les Chateaux de Paluzzy, etc., etc, que pour les Sil-
vain, les Stratonice, les Amant Jaloux, les Nina,
les Mélomanie, les Vestale, les OEdipe etc., etc.

J'ai signalé bien des abus inhérens du système
actuel de nos administrations théâtrales; j'ai fait
le tableau comparatif des avantages dont jouissaient
autrefois ces établissemens et des charges qui les
accablent aujourd'hui; la différence est vraiment
effrayante et semble nous présager leur chute
prochaine que l'on doit même regarder comme
certaine et inévitable.

Voyons si, en ayant aperçu la cause du mal
j'en aurai trouvé le remède dans un nouveau ré-
gime qui, en rétablissant la splendeur et l'éclat de
nos spectacles, et en y ramenant le bon goût, ne
froisserait néanmoins ni le sort des Directeurs,
ni les droits incontestables du public, ni les pré-

tentions des auteurs, ni les intérêts des acteurs !
*C'est beaucoup promettre, je ne sais si je pourrai
tout tenir.*

Je dois d'abord tirer des conséquences pour établir un principe; j'ai besoin d'examiner si le spectacle est un établissement *public* ou *particulier* :
car enfin il faut qu'il soit l'un ou l'autre, et sa décadence vient peut-être aussi de ce qu'il n'est ni
l'un ni l'autre, ou l'un et l'autre.

Il ne peut pas être considéré comme établissement de spéculation *particulière*, parce qu'il
est plus dirigé (sous des rapports essentiels)
par le public et les administrations, que par l'en-
trepreneur ; qu'il est assujetti à des événemens
captieux et de localité, à des condescendances forcées qui maîtrisent sa véritable marche, dénaturent
les opérations du chef, en compromettant presque
toujours ses véritables intérêts, en l'amenant malgré
lui à des résultats funestes pour son établissement
et sa fortune : or, comme l'on ne peut être res-
ponsable que de ce qui dérive exclusivement de
l'exécution de la volonté, et d'une gestion per-
sonnelle ou relative, mais libre et indépendante,
l'entreprise des spectacles ne laissant point cette
juste et indispensable garantie, un particulier par
conséquent n'en peut être chargé à ses périls et
risques, parce que d'une part sa cupidité ou son
incapacité peut compromettre le sort de l'établissement *public*, comme le public peut aussi compromettre les intérêts du particulier.

Ramenons donc la chose au principe, et le principe sauvera peut-être la chose. Nul doute, l'établissement du spectacle doit être considéré comme
public, il l'est de *fait*, il doit l'être de *droit*,
autant par les rapports de son influence sur nos

mœurs que par ceux de son utilité générale ; en conséquence les administrations doivent en être indispensablement chargées, et en supporter les chances et la responsabilité.

Voici, dans ce cas, le nouveau système d'organisation de service qu'il serait, je crois, convenable d'établir, et qui aurait les résultats favorables que j'ai *promis*.

Art. I.

Les théâtres étant reconnus, par le fait et par le droit, établissemens publics, l'exercice du spectacle dans les villes d'arrondissemens théâtrals, seraient sous la garantie des communes qui, conformément aux instructions ministérielles existantes, se rendraient autant que possible adjudicataires des salles.

Art. II.

Les brevets accordés par son Excellence le Ministre de l'Intérieur aux régisseurs gérans seraient pour six ans au moins, dix ans au plus.

Art. III.

Les arrondissemens de théâtre pour les troupes ambulantes, les réglemens concernant ces troupes, les brevets pour leurs régisseurs et les itinéraires actuels pourraient être maintenus.

Art. IV.

Les engagemens des acteurs seraient contractés pour trois ans au moins, afin que les représentations eussent de l'ensemble, que le répertoire fût très-étendu, et le sort des comédiens fixé et assuré.

Art. V.

Les troupes seraient composées par le régisseur gérant, et de manière à ce qu'elles pussent principalement jouer toutes les pièces de leur genre faisant partie du répertoire général des théâtres royaux et autres de Paris.

Art. VI.

Chaque session théâtrale serait de trois années. Au commencement de chacune, le tableau des troupes portant le nombre, la désignation des emplois et des émolumens des acteurs serait soumis à l'approbation de son Excellence le Ministre de l'Intérieur, qui daignerait ensuite le transmettre aux différentes communes qu'elles devraient parcourir.

Art. VII.

Le régisseur gérant ne jouirait que des mêmes émolumens que les premiers sujets de la troupe qu'il administrerait, sans préjudice cependant de ceux qui lui seraient alloués pour son emploi, si toutefois il en exerçait un.

Art. VIII.

Il serait donné connaissance à son Excellence le Ministre de l'Intérieur de toutes les mutations qui pourraient avoir lieu par cas forcé, et des mesures prises pour y suppléer.

Art. IX.

Les brevets des régisseurs gérans ne pourraient être accordés qu'à des anciens directeurs ou directeurs actuels, des auteurs, des professeurs de musique; ou acteurs dont la capacité, la fortune ou la conduite offriraient une garantie suffisante de leur gestion. Enfin, il n'en serait point délivré aux personnes étrangères à l'art dramatique.

Art. X.

Il serait formé autant de troupes qu'il y a d'arrondissemens de théâtre, dont la moitié jouerait l'opéra comique, le grand opéra et le vaudeville; le genre des autres troupes serait, la comédie, le drame et la tragédie.

Art. XI.

Ces troupes se succéderaient chaque année d'un arrondissement à un autre, en suivant leur n.° de classement; la comédie viendrait remplacer l'opéra, et l'opéra irait remplacer la comédie, en sorte que, chaque année, le public jouirait de l'avantage de changer entièrement de troupe, de sujets, de répertoire et de genre.

Art. XII.

Ces troupes exerceraient dans les communes, pendant le temps et aux époques déterminées par l'itinéraire arrêté par son Excellence le Ministre de l'Intérieur.

Art. XIII.

Chaque troupe serait tenue d'augmenter son répertoire d'une pièce au moins par semaine, et choisie alternativement dans l'ancien et le nouveau répertoires.

Art. XIV.

Une commission locale, choisie et présidée par

M. le Maire dirigerait toute la partie *contentieuse*
du spectacle ; ferait faire les recettes et abonnemens ; payerait tous les frais dans lesquels seraient
compris les émolumens qui seraient échus à la
troupe pendant la durée de son exercice dans la
commune , ainsi que les frais de son déplacement.

Art. XV.

Enfin il serait formé une caisse des bénéfices
que produirait l'établissement , pour servir à son
entretien : dans le cas où il y aurait un déficit ,
il serait couvert par les fonds alloués aux communes
pour dépenses extraordinaires et imprévues , ou
porté à son budget.

Art. XVI.

L'on pourrait annexer à chaque troupe , suivant
son genre , une école de chant ou de déclamation
dont les résultats ne pourraient être que favorables et utiles à la prospérité de l'art dramatique
et à celle de nos grands théâtres.

RESULTAT.

Cette nouvelle organisation concilierait tous les
intérêts , remplirait le but de l'établissement du
spectacle , et lui donnerait cette stabilité , cette con-
sistance que son utilité exige ; elle satisferait toutes
les prétentions ; procurerait au public cet attrait qu'il
désire de changement fréquent de troupe , de sujets ,
de répertoire et de genre ; ce qui ramenerait naturellement le goût et la fréquentation du théâtre ,
que les communes seraient particulièrement in-

téressées à protéger : elle apporterait de l'économie
dans tous les frais et principalement dans la composition des troupes, vu la durée des engagemens
et la grande confiance qu'on y aurait : elle fixerait
le sort des artistes et des chefs de troupes dont
le zèle et l'émulation ne seraient plus glacés par
l'inquiétude d'une existence incertaine et d'un avenir
malheureux : elle influerait puissamment sur le
répertoire qui serait autant dirigé sur les anciens
que sur les nouveaux ouvrages ; et dont l'étendue
deviendrait immense par la durée des troupes. Le
choix des pièces, et l'ensemble qu'obtiendrait leur
représentation seraient agréables au public et favorables à l'art.

Pour tout dire enfin, elle détruirait toutes les
sujestions, les charges forcées et les abus que j'ai
signalés, pour réunir au contraire tous les avantages dont j'ai parlé plus haut.

Si les Directeurs de spectacle, les artistes et
les amis des arts, se réunissent pour solliciter l'a-
doption de mon système, je ne doute pas que
son succès ne fasse dire, dans cette circonstance,
comme dans toutes celles qui m'ont été person-
nelles, que j'ai su tenir tout ce que j'avais promis !